BEI GRIN MACHT SI
WISSEN BEZAHLT

Bibliografische Information der Deutschen Nationalbibliothek:

Die Deutsche Bibliothek verzeichnet diese Publikation in der Deutschen National-
bibliografie; detaillierte bibliografische Daten sind im Internet über http://dnb.d-
nb.de/ abrufbar.

Impressum:

Copyright © 2008 GRIN Verlag, Open Publishing GmbH
Druck und Bindung: Books on Demand GmbH, Norderstedt Germany
ISBN: 9783640614530

Dieses Buch bei GRIN:

http://www.grin.com/de/e-book/149990/die-semana-santa-in-sevilla

Annette Julia Motz

Die Semana Santa in Sevilla

GRIN Verlag

Albert-Ludwigs-Universität Freiburg

Institut für Volkskunde

Hauptseminar: *Theatralität und Volksschauspiel im Mittelmeerraum*

Sommersemester 2007

02. 05. 2008

Die Semana Santa in Sevilla

Hausarbeit

Vorgelegt von:

Annette Motz

7. Fachsemester

Inhaltsverzeichnis

1. Einleitung – die Semana Santa in Spanien

"El mejor momento de la Semana Santa de Sevilla
es cuando, un año mas, puedo abrir los ojos
el Domingo de Ramos y en esa mañana
se me llena la retina de la luz del cielo de mi tierra
hasta que al siguiente domingo cierro los ojos,
me voy a dormir y pienso que ya queda menos
para el próximo Domingo de Ramos."

escrito por *nazareno de Sevilla*, abril 25, 2008[1]

Mit diesem Foreneintrag eines Festteilnehmers ließe sich die Bedeutung der spanischen Semana Santa aus Sicht der Akteure überschreiben. Für viele Spanier ist sie ein Höhepunkt des Festjahres, und nicht nur Touristen lassen sich von dem besonderen Zauber einfangen, auch Einheimische sind jedes Jahr aufs Neue von dem außerordentlich theatralischen Brauch ergriffen.

Das Phänomen der Semana Santa ist schwer zu beschreiben, ohne die Prozessionen persönlich miterlebt zu haben. Zum einen besteht der wissenschaftliche Anspruch, ein Phänomen gleichsam „von außen" zu betrachten, zum anderen ist ein Verständnis des Festes kaum möglich ohne ein Eintauchen, ein Einlassen darauf[2]. Die spanische Semana Santa ist ein Musterbeispiel für einen *fait social total*, bei dem religiöse und profane Ebenen einander berühren, mehr noch, zusammenspielen[3]. Vereinfacht könnte man sie als „religiöses Volksfest" beschreiben. Einzelne Elemente, beispielsweise die Musik, können nicht losgelöst von anderen betrachtet werden, wenn man das Fest verstehen möchte.

Im Folgenden soll der nicht ganz einfache Versuch unternommen werden, das Phänomen der Semana Santa im andalusischen Sevilla, einem der bedeutendsten Orte für das Fest, zu betrachten. Dies wird auf einer deskriptiven Ebene geschehen, wobei gleichzeitig versucht werden soll, die Bedeutung des Festes für die Teilnehmer herauszustellen. Ein gesondertes Kapitel gilt der im Falle der spanischen Karwoche außerordentlich wichtigen Musik. Da die

---

[1] „*Der beste Moment der Semana Santa in Sevilla ist der, wenn ich, aufs Neue, am Palmsonntag die Augen öffnen kann und mir sich an diesem Morgen die Augen mit dem Licht des Himmels meiner Heimat füllen, bis ich am darauffolgenden Sonntag die Augen schließe, schlafen gehe, und denke, dass schon ein bisschen weniger Zeit fehlt bis zum nächsten Palmsonntag.*" geschrieben von *nazareno de Sevilla*, 25. April 2008. (http://www.pasionensevilla.tv/index.php/La-pregunta/la-semana-santa-de-2008.html, abgerufen am 27.04.2008)
[2] Opitz 2000, S. 201
[3] So auch in der anthropologischen Perspektive über die Semana Santa von Sánchez Garrido: "(...) ésta es, como expresión cultural, un hecho pluridimensional y complejo. La polisemia pasional se basa en elementos históricos, religiosos, cristianos, teatrales, lúdicos, mágicos, estéticos, emocionales, creativos, etc. Desde una perspectiva sociocultural habría que considerar a la semana santa como un 'acto total'" (Sánchez Garrido 2005)

3

Arbeit sich hauptsächlich auf Internetquellen stützt, wird in einem Abschnitt auf die Repräsentation des Festes im Internet eingegangen.

In Spanien wird die Woche von Palmsonntag bis zum Ostersonntag, die Karwoche (Spanisch: Semana Santa), groß gefeiert. Nicht nur für viele Katholiken ist die Semana Santa die wichtigste Woche im kirchlichen Jahr. Auch viele nicht-religiöse Spanier sind involviert und fast alle Menschen in der Stadt sind mit der Tradition aufgewachsen und nehmen aktiv oder passiv teil – sei es, dass sie Mitglied einer Bruderschaft sind, dass sie sich musikalisch einbringen, oder nur die Prozessionen vom Straßenrand aus verfolgen. Entgehen kann man dem Fest nicht, es sei denn, man fährt während der Semana Santa aufs Land oder an den Strand[4]. Jedes Jahr ist die Semana Santa außerdem für zahlreiche Touristen ein Anziehungspunkt.

Die Semana Santa wird durch Prozessionen begangen, in denen den Ereignissen der letzten Tage im Leben und Sterben von Jesus sowie seiner Auferstehung gedacht wird.
In den Prozessionszügen werden Altarbühnen – die so genannten *pasos* – durch die Straßen und Gassen der Stadt getragen, auf denen eine lebensgroße Christus- oder Marienfigur getragen wird oder einer der letzten Tage von Jesus durch Figurengruppen dargestellt wird. *Costaleros*, eigens dafür ausgebildete Träger, tragen die Bühnen durch die von Menschenmengen gesäumten Straßen und Gassen der Stadt.

Prozessionen während der Semana Santa werden überall in Spanien begangen. Es wäre falsch, von „der" Semana Santa in Spanien zu sprechen[5]. Je nach Traditionen der entsprechenden Region oder nach Größe des Ortes, können die Feiern sehr unterschiedlich aussehen. In Kastilien, beispielsweise Zamora, Valladolid oder Toledo, sind die Prozessionszüge schlicht und nüchtern[6]. Prunkhafter Schmuck oder dramatische Musik werden viel weniger eingesetzt

---

[4] Es gibt auch Spanier, die während der Semana Santa den Menschenmassen in der Stadt entfliehen wollen. So schreibt „titus" am 5. April 2007 in seinen Blog: *"Semana de Pasión me toca un cojón"* (ungefähr: „Die Passionswoche interessiert mich nicht die Bohne"), http://titusmagnificus.wordpress.com/2007/04 (abgerufen am 12.02.2008). Auch folgender Blogeintrag hat ein ähnliche Sichtweise:
"Empezaré diciendo que odio a todo lo relacionado con la Semana Santa, incluidos capirotes, pasos, figuritas y la madre que los parió a todos." ("Erst mal will ich sagen, dass ich alles hasse, was mit der Semana Santa zu tun hat, inklusive Spitzhüte, pasos, Figuren und die Mutter, die sie alle geboren hat"), http://lolarocknroll84.spaces.live.com/blog/cns!C657B156B42AAA54!1540.entry (abgerufen am 25.03.2008)
[5] Dies unterstreicht auch die leider etwas ältere Veröffentlichung von Briones Gómez 1983 sowie Opitz 2000, S. 193 f.
[6] http://www.escuelai.com/spanish_culture/fiestas_espanolas/semanasanta.html (abgerufen am 12.02.2008), Opitz 2000, S. 13, S. 201

als in den pompösen Prozessionen Andalusiens, wie z. B. Sevilla, Málaga oder Granada. Vor allem in Sevilla dominieren Licht und Farben.

Nicht umsonst gilt die Semana Santa in Sevilla als die bekannteste und wichtigste Spaniens, und nicht zuletzt auch als eines der wichtigsten religiösen Ereignisse des Landes überhaupt[7].

Bevor auf die inhaltliche Gestaltung des Festes eingegangen wird, soll ein kurzer Überblick über die biblischen Hintergründe der Semana Santa gegeben werden.

2. Biblische Hintergründe

Die Karwoche, die Woche vor Ostern, wird durch den Palmsonntag eingeleitet und endet mit dem Karsamstag. Die Nacht auf den Ostersonntag stellt dabei bereits den Übergang zu Ostern statt. In Spanien wird die Karwoche einschließlich des Ostersonntags durch Prozessionen begangen, in denen den Ereignissen im Leben, Leiden, Sterben und der Auferstehung Jesu gedacht wird.

Pietro Lorenzetti: Einzug in Jerusalem
Fresco, um 1320
Basilica inferiore di San Francesco, Assisi.
http://www.wga.hu

Am Palmsonntag, dem letzten Sonntag der Fastenzeit, wird dem Einzug Jesu in Jerusalem gedacht[8]. In der Kunst wird er meist auf einem Esel dargestellt und als Friedenskönig mit Palmzweigen vom jubelnden Volk begrüßt. Am Heiligen Montag lehrte Jesus der Bibel nach im Tempel und stieg mit seinen Jüngern auf den Ölberg. Einige Pharisäer und Hohepriester forderten am Heiligen Dienstag seinen Tod. Am Mittwoch bot der Jünger Judas den

---

[7] So auch dargestellt in allen verfügbaren Wikipedia-Artikeln zur Semana Santa in Sevilla .
[8] Vgl. Matthäus 21, 1-11; Markus 11, 1-11, Johannes 12, 12-15.

Hohepriestern an, Jesus gegen Bezahlung zu verraten. Der Gründonnerstag als eigentlicher Beginn der Kartage und vor allem die Nacht auf Karfreitag erinnern an das Abendmahl Jesu mit seinen Jüngern (das „Letzte Abendmahl") und seine Verhaftung im Garten Getsemani[9]. Der Karfreitag ist in Erinnerung an die in der Bibel beschriebenen Geschehnisse ein Tag des Schmerzes und ein wichtiger Feiertag. In der evangelischen Kirche ist es sogar der höchste Feiertag des Kirchenjahres. Es wird an die Verurteilung Jesu sowie die Vollstreckung des Urteils erinnert[10]. An diesem Tag gedenkt man dem Kreuzweg und der Kreuzigung von Jesus Christus und seiner Grablegung. Die Eucharistie wird am Karfreitag nicht gefeiert.

Leonardo da Vinci: Das letzte Abendmahl
Secco, 1495-1497
Santa Maria delle Grazie, Milano.
http://www.wga.hu

Dies gilt auch für den Karsamstag, den letzten Tag der Fastenzeit. In biblischer Hinsicht ist er der Tag der Grabwache. Liturgisch gesehen ist es ein Tag des Wartens und der Hoffnung auf die Auferstehung und die Osternacht somit hoch symbolischer Abschnitt der Karwoche. Der Ostersonntag ist als Tag der Auferstehung Jesu[11] für viele Christen ein Tag der Freude und des Jubels.

Matthias Grünewald: Die Auferstehung
Öl auf Holz, um 1515
Musée d'Unterlinden, Colmar.
http://www.wga.hu

---

[9] Matthäus 26, 17-56.
[10] Matthäus 26, 57-68; Lukas 23, 1-12; Markus 15, 21-47.
[11] Lukas 24, 1-35.

Auf den Festkreis bezogen, wird die Semana Santa in zwei Teile gegliedert. Palmsonntag bis einschließlich Heiliger Mittwoch bilden das Ende der Fastenzeit. Der Abend des Gründonnerstags leitet das *Triduo Pascual* (Österliches Triduum) ein, das bis Ostersonntag dauert. Das Österliche Triduum steht für Leiden, Tod und Auferstehung Jesu. Der wichtigste Abschnitt der Semana Santa mit den meistbesuchten Prozessionen ist die *Madrugá*, die Nacht von Gründonnerstag auf Karfreitag. In dieser Nacht wird von vielen Teilnehmern Festtagskleidung getragen. Die Glocken verstummen am Gründonnerstag und erklingen erst wieder beim Gloria in der Osternacht (Auferstehungsmesse) von Karsamstag auf Ostersonntag oder am frühen Ostersonntagmorgen. Während dieser Zeit wird mit den so genannten *matracas* (Ratschen) gelärmt und zum Gottesdienst gerufen[12].

Die folgende Tabelle stellt zusammenfassend noch einmal die biblischen Ereignisse dar:

Domingo de Ramos	Einzug Jesu in Jerusalem
Lunes Santo	Lehrt im Tempel, Ölberg
Martes Santo	Pharisäer wollen Tod Jesu
Miércoles Santo	Judas verrät Jesus
Jueves Santo — Madrugá	Letztes Abendmahl
Viernes Santo	Kreuzigung
Sábado de Pasión	Stille während Grabesruhe
Domingo de Resurrección	Auferstehung

3.   Ablauf der Semana Santa in Sevilla

Die Prozessionen beginnen bereits am Palmsonntag. Es gibt rund 60 Bruderschaften in Sevilla, wobei jede eine Prozession abhält. Jede Bruderschaft hat einen eigenen Prozessionsweg, ein Teil davon wird als „itinerario oficial" von allen Festzügen beschritten. Jede Prozession beginnt in der Kirche, in der die mitgetragene Marien- oder Jesusfigur aufbewahrt wird, und endet auch an diesem Punkt. Dabei entsteht die je individuelle

---

[12] Siehe dazu Llop i Bayo. Es sind laut diesem Text mehrere Namen bekannt: Neben *matracas* auch *carracas, carraclas, brajoles, batzoles, tenebres* und einige mehr. In dem Aufsatz wird das Lärmen mit matracas als ausschließlich spanisches Phänomen beschrieben; dies ist jedoch bekanntermaßen falsch. Auch beispielsweise in Deutschland (Ratsche) oder Italien (raganella) kommt das Musikinstrument während der Karwoche zum Einsatz. Videos zu den matracas finden sich bei YouTube: z.B. für Zaragoza: http://www.youtube.com/watch?v=2o5YRu3nTqc (abgerufen am 14.02.2008)

Prozessionsroute, die über den Itinerario Oficial verläuft, und mehr als zehn Stunden dauern kann. Die folgende Abbildung zeigt diese offizielle Wegstrecke. Es wird schnell klar, dass die ganze Stadt in die Semana Santa involviert ist, wenn man bedenkt, dass in fast jedem Viertel Sevillas Prozessionen beginnen und enden.

Plan mit der Strecke, die von jeder Bruderschaft, unabhängig vom je individuellen Prozessionsweg, zurückgelegt wird (grün eingezeichnet)
Quelle: http://de.wikipedia.org/wiki/Semana_Santa_in_Sevilla

Die Prozessionszüge gehen durch oftmals sehr enge Gässchen und Straßen Sevillas. Bei mehr als 900.000 Besuchern während der Semana Santa, davon 350.000 Sevillaner und rund 145.000 ausländische Touristen[13] lässt sich erahnen, wie überfüllt die Straßen sein müssen. Bedenkt man, dass die Stadt etwa 700.000 Einwohner hat, so stellt dies eine enorme Auslastung dar. Wer einen einigermaßen guten Platz finden möchte, muss oft stundenlange Wartezeiten in Kauf nehmen. An den wichtigsten Stellen der Prozessionen, vor allem beim Auszug der pasos aus der Kirche und ihrem Wiedereinzug sowie entlang der Carrera Oficial, sind die Menschenansammlungen am größten. Bei besonders beliebten Bruderschaften ist dies entlang der ganzen Prozessionsstrecke der Fall. Aus diesem Grund werden auf dem offiziellen Prozessionsabschnitt Plätze auf Tribünen sowie Stühle vermietet, die an den wichtigsten Stellen aufgestellt sind (*palcos* und *sillas*). Diese Sitzplätze können für einen

---

[13] Laut einer Studie: http://www.abc.es/hemeroteca/historico-07-03-2008/sevilla/Sevilla/la-semana-santa-tuvo-un-impacto-economico-de-160-millones-de-euros-en-sevilla_1641702380691.html (abgerufen am 25.04.2008)

einzelnen Tag oder aber die gesamte Woche gemietet werden und kosten zwischen 56,53 Euro und rund 635,41 Euro. Das vorrangige Recht auf einen Platz bleibt über Jahre bestehen, wenn der Inhaber des Platzes nicht darauf verzichtet. Der Generalrat der Bruderschaften von Sevilla (Consejo General de Hermandades y Cofradías de la Ciudad de Sevilla) regelt in 33 Artikeln die „Nutzung und Vergabe von Stühlen und Logen"[14] Bemerkenswert ist die Absage an den Zweck einer Vorführung, so heißt es in Artikel 4, die Prozessionen hätten „die einzige und ausschließliche Absicht, Buße an der Santa Iglesia Catedral zu tun, eine im wesentlichen religiöse Äußerung." Sie würden nicht für den Zweck eines öffentlichen Spektakels organisiert.[15] Es soll hier nur am Rand bemerkt werden, dass auch unzählige Fernsehübertragungen dem widersprechen.

palcos und sillas am Plaza de San Francisco in Sevilla
http://www.flickr.com/photos/der/172011982/

Die Prozessionen finden teilweise zeitgleich statt und ein exakter Zeitplan muss eingehalten werden, um an der Carrera Oficial Überschneidungen zu vermeiden. Die Pläne für die Strecken sind auch für die Orientierung und Planung von Besuchern eine Hilfe. Manche Internetportale bieten sogar Vorschläge für individuelle Wünsche an[16].

Der folgende Plan gibt einen Überblick über die in der Nacht auf Karfreitag statt findenden Prozessionen. Für jede teilnehmende Bruderschaft werden die einzelnen Stationen sowie die

[14] Alle Informationen aus diesem Reglement entnommen von http://www.hermandades-de-sevilla.org/galeria/sillasypalcos/reglamento.htm (abgerufen am 25.02.2008)

[15] "Artículo 4.- Con independencia de la atracción que pueda tener para el público en general, el desfile de las cofradías no tendrá, en ningún caso, la consideración de espectáculo público, por cuanto que no se organizan con dicha finalidad, sino con el único y exclusivo propósito de realizar Estación de Penitencia a la Santa Iglesia Catedral, manifestación esencialmente religiosa. Por consiguiente, el interés a preservar prioritariamente habrá de ser el de las cofradías en el ejercicio de este acto de culto externo." (http://www.hermandades-de-sevilla.org/galeria/sillasypalcos/reglamento.htm, abgerufen am 25.02.2008)

[16] So beispielsweise http://www.guiasemanasanta.com (unter dem Menüpunkt „Recomendaciones") (abgerufen am 25.02.2008)

entsprechenden Zeiten aufgelistet. Solche Pläne gibt es für jeden einzelnen Tag der Semana Santa.

Viernes Santo (Madrugada)   * Lugar Recomendado

	EL SILENCIO REAL IGLESIA DE SAN ANTONIO ABAD	GRAN PODER BASILICA DE NUESTRO PADRE JESUS DEL GRAN PODER	LA MACARENA BASILICA DE LA MACARENA	EL CALVARIO PARROQUIA DE LA MAGDALENA	ESPERANZA DE TRIANA CAPILLA DE LOS MARINEROS	LOS GITANOS ANTIGUO CONVENTO DEL VALLE
12			Salida 12.30 *			
1	Salida 1,05 *	Salida 1.00 *	Resolana-Feria *			
1,30	Alfonso XII	Conde de Baraja	Correduria			
2	Campana 1,25	J. del G. Poder	Alameda-Trajano		Salida 2,15	Salida 2.00
2,30	Plaza 2,05	Campana 1,55	Plaza Duque		Pureza *	Veronica-Gallos
3	Catedral 2,35	Plaza 2,35	Campana 3.05		Altozano	P.Osario-Matahacas
3,30	Placentines *	Catedral 3,05	Plaza 3.45	Salida 3,45 *	Puente de Triana	Dña. Mª Coronel
4	Francos	Plaza Triunfo	Catedral 4.15	Plaza Magdalena	Reyes Católicos	Duenas *
4,30	Cuna-Orilla	Postigo-Castelar	Alemanes-A. Molina	Rioja-Velazquez	San Pablo	Sta. Angela *
5	Aponte-Duque	Zaragoza *	Francos *	Campana 4,35	Murillo-Rioja-Velazquez	Imagen
5,30	Entrada 5,30 *	Gravina	Alvarez Quintero	Plaza 5,15	Campana 5,05	Orilla
6		Pedro del Toro	Curia	Catedral 5,45	Plaza 5,45	Campana 6,10
6,30		Pl.Museo-S.J.de Avila *	Laraña	Plaza Triunfo-Postigo	Catedral 6,15	Plaza 6,50
7		Gavidia-C. Spinola	Encarnación	Castelar *	Plaza Triunfo	Catedral 7,20
7,30		San Lorenzo	Imagen	Doña Guiomar	Postigo *	Placentines
8		Entrada 8,00*	Sta. Angela *	Zaragoza-San Pablo	Adriano *	Francos-Chapineros *
8,30			S. Juan de la Palma	Entrada 8,05	Pastor y Landero	Pl.Salvador-Villegas
9			Feria *		Reyes Católicos	Plza.San Leandro
9,30			Feria *		Puente de Triana	Juan de Mesa-Ponce León
10			Escoberos		San Jacinto	Esc.Plas-Puerta Osario
11			Resolana		P.del Corro-R.de Triana	Gallos-Veronica
12			Plaza San Gil *		Pta.Santa Ana-Pureza *	Entrada 13,45
13			Entrada 14,00*		Entrada 13,30	

Beispiel für einen Prozessionsplan – in diesem Fall für die Nacht von Donnerstag auf Freitag (Madrugada). Der Plan zeigt die Zeiten und Orte, an denen die einzelnen Cofradías prozessieren. Quelle: http://www.semana-santa-sevilla.com/imagen/itinerario-viernes-santo1.gif

4. Akteure

Die Prozessionen der Semana Santa leben vom Zusammenspiel aller Beteiligten.

Dazu gehören die Bruderschaften, *hermandades* oder *cofradías*, die die Organisation innehaben. Mitglieder der Bruderschaften sind unter anderem die *nazarenos*. Diese „Büßer" begleiten die Altarbühnen, die *pasos*, die von den *costaleros* getragen werden. Ein weiterer Akteur im Umfeld der pasos ist der *capataz*.

Ebenso wichtig sind die Zuschauer, die die Prozessionen vom Straßenrand aus verfolgen, die *bulla*. Im Folgenden sollen die einzelnen Teilnehmer und Teilnehmergruppen genauer betrachtet werden. Einen vereinfachten Überblick gibt die nachfolgende Skizze:

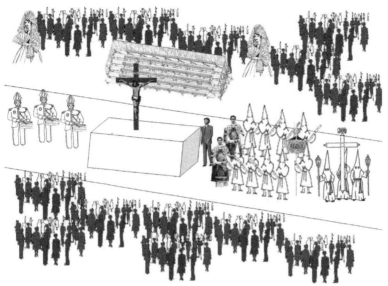

stark vereinfachte eigene Skizze der Aufstellung einer Prozession und der Akteure:
der Prozessionszug mit Nazarenos, Costaleros und Capataz, am Rand die Bulla und Frauen mit *mantilla*

4.1. Die Rolle der Bruderschaften

Ohne die Bruderschaften (hermandades/cofradías[17]), die die Träger der Semana Santa sind, wären die Prozessionen nicht denkbar. Diese Bußbruderschaften sind „...von einer bestimmten Gesinnung getragene, freiwillige Vereinigung[en] von Gläubigen (meist Laien) zur Pflege und Förderung von Frömmigkeit, Buße, Nächstenliebe und Gottesdienst."[18] Es handelt sich also um zunft- oder gildeartige Zusammenschlüsse[19]. Heute gibt es in Sevilla rund 60 Bruderschaften. Jede hat meistens zwei Altarbühnen, *pasos*, und prozessiert einmal während der gesamten Semana Santa[20].

---

[17] Im Kodex des kanonischen Rechts von 1917 werden die Bezeichnungen unterschieden:
„Las asociaciones de fieles,(...) si están constituidas a modo de cuerpo orgánico, se llaman hermandades (...) y las hermandades que han sido erigidas además para el incremento de culto público, reciben el nombre particular de cofradías." Es handelt sich bei beiden um Körperschaften mit dem Ziel von frommen bzw. wohltätigen Zwecken. Kommt die Verehrung Gottes und Steigerung des öffentlichen religiösen Kults hinzu, spricht man von einer Cofradía, wobei es in der Praxis nicht unterschieden wird. (lateinischer Originaltext einsehbar unter http://www.theol.u-szeged.hu/~laurin/cic17-13.html)

[18] Zit. nach Opitz 2000, S. 11

[19] Opitz 2000, S. 80

[20] Opitz 2000, S. 199

Meistens wurden die Bruderschaften gegründet nach ethnischer (z.B. Los Negritos, Los Gitanos), regionaler (z.B. Montserrat: katalanische Händler) oder sozialer Herkunft (z.B. La Vera-Cruz: Ritter), oder nach Berufsstand (z.B. Los Panaderos, Las Cigarreras)[21].

Die älteste Bruderschaft ist El Silencio, die 1356 ins Leben gerufen wurde. Etwa die Hälfte der Bruderschaften wurde nach dem Spanischen Bürgerkrieg ab 1939 gegründet. Im Allgemeinen geht die Tradition der Bußbruderschaften auf das 16. Jahrhundert zurück.[22]

Los Negritos   Los Gitanos   La Vera-Cruz   Los Panaderos   Las Cigarreras
Montserrat

Alle Abbildungen von
http://semanasanta.destinosevilla.com/destino/01seccion.asp?seccion=15

Ziele der Bruderschaften waren und sind die Betrachtung von Leiden und Sterben Jesu und die Imitation derselben durch den öffentlichen Bußakt. In den Anfängen der Passionszüge stand die Buße im Vordergrund, es handelte sich nicht um ein Fest, sondern um einen Vollzug von Schmerz und Buße ohne musikalische Begleitung und ohne das Mitführen von pasos. Heute ist die Semana Santa ein festlicher Akt, nicht zuletzt, weil immer auch die Auferstehung mitgedacht wird.

Die Bruderschaften haben nicht zuletzt deshalb eine besondere Bedeutung für die Semana Santa, weil sie eine Art kirchliche Einrichtung mit weltlichem Charakter darstellen, und aus diesem Grund authentischer auf viele Menschen wirken. Die Kirche als „Volk Gottes" wird hier greifbarer, indem sie in die Lebenswelt von Menschen eindringt, die sich mit der Institution Kirche nicht gut identifizieren können.

---

[21] Einen guten Überblick über alle Bruderschaften gibt die offizielle Seite http://www.hermandades-de-sevilla.org des Generalrats der Bruderschaften Sevillas;
http://www.escuelai.com/spanish_culture/fiestas_espanolas/semanasanta.html (abgerufen am 25.04.2008)
[22] Opitz 2000, S. 79, S. 199

4.2.   Nazarenos

Die *nazarenos*, die Büßer, prägen das Bild der Prozessionen. Ihre auffällige Kleidung besteht aus einem Gewand (*túnica*) mit Spitzhüten, den so genannten *capirotes*. Es handelt sich dabei um einen mit Stoff überzogenen spitz zulaufenden Karton der den gesamten Kopf verdeckt und nur die Augen freilässt. Durch die Kopfbedeckung soll die Anonymität des Büßers gewahrt werden. Es gibt auch nazarenos, die statt dem capirote eine nach hinten hängende Kopfbedeckung tragen, sie werden *penitentes* genannt. Diese Gesichtsmaske heißt *antifaz*. Penitentes führen außerdem ein Kreuz auf den Schultern mit. Sie laufen zumeist hinter dem paso[23].

Penitentes mit Kreuzen
http://www.sevilla5.com/activities/seasonal/06-semana-santa.html

Nazarenos, hier auch ein Kind, mit ihren capirotes
http://www.hiszpania.ires.pl/pics/semana/Nazarenos_grandes_y_p
equenos.JPG

Seit den 1980er Jahren begleiten auch weibliche nazarenas die Prozessionen.[24]
Die túnicas sind sehr unterschiedlich ausgestaltet, jede Bruderschaft hat ihren individuellen Stil, der in eigenen Farbkombinationen sowie Attributen besteht.

Die nazarenos imitieren das Leiden Jesu. In den frühmittelalterlichen Prozessionen wurden aus diesem Grund noch Dornenkronen auf dem Kopf getragen. Erst Anfang des 17. Jahrhunderts setzte sich die heutige Form durch[25].
Die Kleidung der nazarenos weckt Assoziationen zum Ku-Klux-Klan. Sie ist jedoch schon im Mittelalter als Bekleidung für Pestkranke entstanden und wurde vom Ku-Klux-Klan, der auf

---

[23] Gómez/Jiménez 1992
[24] http://www.caiman.de/03_08/art_1/index.shtml
[25] http://www.caiman.de/spanien/semanasanta/sevilla.shtml, Opitz 2000, S. 12

das 19. Jahrhundert zurückgeht, übernommen. Auch in der Ausgestaltung bestehen Unterschiede. So trägt der Ku-Klux-Klan ausschließlich weiße Gewänder wohingegen die nazarenos je nach Bruderschaft individuelle Farben und Farbkombinationen verwenden. Attribute sind auch keine Fackeln, sondern Kerzen. Die entscheidende Diskrepanz besteht jedoch im Ziel und Zweck der Gemeinschaften. Im Falle der Semana Santa steht das Kostüm für die Gleichheit vor Gott und die Anonymität des Bußaktes. Nirgends offenbart sich dieser Bußcharakter besser als in den von Menschen getragenen Wägen und den teilweise barfüßigen nazarenos, die auch Kreuze tragen oder ihre Füße zusammengekettet haben. Beim Ku-Klux-Klan dient es lediglich der Verkleidung. Er ist außerdem ein rassistischer Geheimbund, der gerade nicht für alle Menschen zugänglich ist[26]. Die Semana Santa ermöglicht fast allen Gruppen eine Identifikation, so beispielsweise auch „Zigeunern" (Bruderschaft Los Gitanos) oder Schwarzen (Los Negritos).

4.3. Costaleros

Die costaleros sind Mitglieder der Bruderschaften, die die pasos während der Prozessionen auf ihren Schultern durch die Stadt tragen. Dies geschieht im Rhythmus der Musik nach ritualisierten Gangarten. Je nach gewünschter Dramaturgie wird beispielsweise das Schritttempo variiert[27]. Dabei sind sie hinter Samtvorhängen verborgen, die das Gestell der Schaubühnen umkleiden. Dadurch wird die Illusion gewahrt, die Statue bewege sich von selbst und sei gleichsam lebendig. Nur die Füße sind sichtbar. Unter dem Gerüst sind sie in Reihen aufgestellt[28], wobei etwa 30 bis 40 Männer einen paso tragen. Frauen können in Sevilla nicht als costaleras agieren[29].

Für die meisten costaleros bedeutet diese Aufgabe eine große Ehre und nicht zuletzt auch eine persönliche Verbindung zu Jesus oder Gott. So schreibt ein costalero aus Málaga in einem Internetforum:

> "Sentir el divino y dulce peso de Ti mi Dulce Nombre de Jesús es lo mejor q me ha pasado en la vida, hasta q el cuerpo aguante me sentiré honrado cada Jueves Santo de poder llevarte sobre mi hombro, cuando no pueda más te rezaré, te pediré fuerzas, las

---

[26] http://de.wikipedia.org/wiki/Ku-Klux-Klan
Vgl. Dazu auch die Ziele des KKK laut dessen offizieller Website: http://www.kkk.bz/ourgoal.htm
[27] Dies wird in folgenden Videos schön deutlich:
http://www.youtube.com/watch?v=VOaLyBmZVuQ&feature=related sowie
http://www.youtube.com/watch?v=ZHIkpWMB2eA&NR=1 (abgerufen am 20.04.2008)
[28] http://es.wikipedia.org/wiki/Costalero
[29] Dominguez 2006

sacaré del corazon q late por ti durante todo el año y q más aun en esa noche bajo el metal...”[30]

Die pasos sind sehr schwer. Auf den Schultern eines Mannes können bis zu 100 Kilogramm lasten. Dabei wiegen die *Pasos de Palio* durch den Baldachin noch weit mehr als ein *Paso de Cristo* (zur Unterscheidung der pasos später mehr). Das Tragen der Heiligen auf den eigenen Schultern betont auch den Bußcharakter, der eine der Besonderheiten der Semana Santa ist: Die pasos werden eben nicht von Motoren angetrieben, sondern von Menschen getragen. Nirgends offenbart sich dieses Moment der Buße besser.

Costaleros mit *costales*, Kopfbedeckungen zum Schutz.
http://de.wikipedia.org/wiki/Bild:Costaleros.JPG

Die Schwierigkeit für die Costaleros besteht darin, eine perfekte Koordination und Schrittharmonie zu erreichen. Vor der Semana Santa finden wochenlange Übungen statt[31]. Während der Prozessionen werden immer wieder Pausen eingelegt und costaleros ausgewechselt. Die Seite http://www.costalero.com gibt profunde Informationen über und für costaleros aus Sicht der Gesundheitsprävention. So wird auf das Verletzungsrisiko eingegangen und genaue Hilfestellungen angeboten, was während der Prozessionen zu beachten ist und wie ein Risiko eingedämmt werden kann[32]. Die Gefahr für Verletzungen ist sehr hoch, da Nacken und Schultern einer enormen Belastung ausgesetzt sind. Spezielle

---

[30] „Das heilige und süße Gewicht von Dir, mein süßer Name Jesus, zu spüren, ist das Beste, was mir in meinem Leben passiert ist. Bis zur Grenze dessen, was mein Körper erträgt, werde ich mich jeden Gründonnerstag geehrt fühlen, Dich auf meinen Schultern zu tragen,; wenn ich nicht mehr kann, dann werde ich zu dir beten, Dich um Kraft bitten, ich werde diese Kraft aus meinem Herz schöpfen, das das ganze Jahr über für Dich schlägt und noch viel mehr in dieser Nacht unter dem Metall..." (geschrieben am 22.02.2005 von morao_delpaso in http://elcabildo.mforos.com/229903/1788618-cuanto-pesa-un-trono-en-malaga)
[31] Einen solchen beispielhaften „ensayo", eine Übung, zeigt folgendes Video: http://www.broadcastyoutube.com/watch?v=ImJ_lOfmpRk&feature=related (abgerufen am 24.04.2008)
[32] http://www.costalero.com/7.htm (abgerufen am 20.04.2008)

Kopfbedeckungen, die so genannten *costales*, schützen Kopf und Nacken. Vor allem das Hochspringen bei der Levantá ist ein Gesundheitsrisiko[33]. Trotzdem heißt es auf der von einer Physiotherapeutin gemachten Seite: „Gesundheit und Tradition sind kompatibel"[34].

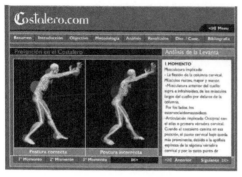 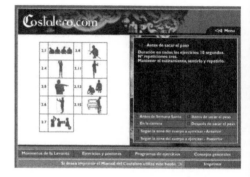

Risiken und Prävention zeigt die Seite http://costalero.com auf.

4.4. *Capataz*

Der Capataz ist gewissermaßen der „Dirigent" eines Prozessionszuges. Er ersetzt die Augen der Costaleros, die unter dem paso nichts sehen können. Der Capataz befindet sich am Kopf des pasos und gibt durch Zurufe oder Klopfen mit einer Art Metallhammer (Llamador) Anweisungen zu Geschwindigkeit und Richtung. Beispiele für solche Anweisung sind das „Levantá", das Kommando zum Hochheben des pasos[35], auch „¡Al Cielo con Ella!"[36] (für einen paso mit Jungfrau Maria), respektive „¡Arriba el hijo de Dios!" (für einen paso mit Christus). Der capataz dirigiert durch die engen Gassen und hilft bei

Ein capataz gibt Anweisungen
http://es.wikipedia.org

---

[33] Dieses Video zeigt den Bewegungsablauf:
http://www.broadcastyoutube.com/watch?v=fXhooLbsk2c&feature=related
Auch die Startseite von http://www.costalero.com zeigt in einer flash-Animation diesen Bewegungsablauf.
[34] http://www.costalero.com (unter dem Abschnitt "Descubre la Semana Santa": "La salud y tradición son compatibles.")
[35] http://www.caiman.de/semana.html (abgerufen am 12.12.2007). Eine Übersicht über diese Kommandos gibt http://www.hoy.es/pg060406/prensa/noticias/Badajoz/200604/06/HOY-BAD-024.html (abgerufen am 24.04.2008)
[36] Dies beispielsweise in diesem Video: http://youtube.com/watch?v=aHQtR2xTquI&feature=related (bei Minute 3:44), ein schönes Beispiel ist auch der Beginn dieses Videos (in diesem Fall nicht „levantá" sondern „a esta es"): http://www.youtube.com/watch?v=JC0FYlh_TQU&feature=related (alle abgerufen am 20.04.2008)

schwierigen Manövern, vor allem den Auszug des pasos aus der Kirche und dessen Wiedereinzug.

4.5. *Bulla*

Die bulla, die Menschenmenge, hat eine sehr wichtige Rolle für die Semana Santa. Sie füllt die Straßen und Gassen komplett aus. Bestehend aus Einwohnern Sevillas, Spanier aus anderen Regionen sowie aus ausländischen Touristen ist das Publikum ein wichtiger Stimmungsträger und erzeugt beinahe einen Volksfestcharakter. Die bulla trägt zur besondern Atmosphäre der Semana Santa bei, indem sie mit den Prozessionszügen interagieren. So applaudieren die Menschen in den Straßen den ermüdeten Costaleros, rufen einer Jungfrauenstatue bewundernde Komplimente zu oder schweigen ergriffen, wenn eine leiderfüllte Christusfigur auf einem paso dargestellt wird. Hin und wieder wird aus dem Publikum eine spontane Saeta dargebracht (hierzu mehr im Kapitel „Musik") oder von einem der Balkone, die die Straßen säumen, gibt es einen Blumenregen

In dramaturgischer Hinsicht wirkt das Publikum, als würde es die Figuren durch die Straßen „tragen", zumal die Altarbühnen nicht viel höher als eine Person sind und deshalb zwischen den Menschenmassen gleichsam „verschwinden".

Viele Teilnehmer kleiden sich für die Semana Santa besonders festlich, vor allem am Palmsonntag, Gründonnerstag und Karfreitag. Frauen tragen die so genannte *mantilla*.

Frau in mantilla
http://www.sevillaweb.info/ocio/ss_2004/jueves2004.html

5. Die *pasos*

Als rituelle Objekte stehen die pasos im Mittelpunkt der Prozessionen der Semana Santa[37].

Dabei handelt es sich um tragbare Schaubühnen, die Szenen aus dem Passionszyklus darstellen. Die zentrale Figur, die auf dem Podest exponiert wird, ist ein holzgeschnitzter Christus oder eine Marienfigur. Die Gottesmutter wird häufig als *Piedad* (Frömmigkeit), *Soledad* (Einsamkeit), *Amargura* (Bitternis) oder *Dolorosa* (Schmerzensmutter) gezeigt. Bei der Darstellung der Auferstehung wird sie als *Virgen de la Esperanza* (Hoffnung) angerufen.

Dolorosa (Virgen del Socorro)
der Cofradía "El Amor"
http://www.guiasemanasanta.com

Bei den pasos lassen sich drei Typen unterscheiden[38].

Der *Paso de Cristo* stellt einen Kreuz tragenden oder gekreuzigten Christus dar.

Beim *Paso de Palio* kann man eine Maria unter einem Baldachin bewundern und auf dem *Paso de Misterio* ist eine Gruppe von mehreren Skulpturen zu sehen, die eine Szene des Kreuzweges Christi darstellen, z. B. seine Gefangennahme.

Die Figuren, die auf den Altarbühnen mitgetragen werden, nennen sich imágenes. Sie wurden oftmals von berühmten Bildhauern gefertigt und können in ihrem Alter bis zum 16. Jahrhundert zurückgehen. Die älteste Figur stammt von 1573. Es gibt viele kunsthistorisch sehr wertvolle barocke Figuren, weshalb die Wetterfrage vor der Semana Santa immer erwartungsvoll gestellt wird. Regnet es, so müssen die Statuen „zu Hause", d.h. in der Kirche bleiben, wo sie außerhalb der Prozessionen aufbewahrt werden. Dies ruft oft maßlose Enttäuschungen bei allen Beteiligten hervor[39].

Auch neu kreierte Statuen werden bei den Prozessionen mitgetragen.

---

[37] Opitz 2000, S. 67

[38] http://www.caiman.de/03_05/art_2/index.shtml

[39] Dazu z.B. diese Videos: http://www.youtube.com/watch?v=u7OhkgfkEFY&feature=related,
http://www.youtube.com/watch?v=nAjjUqm6YLM&feature=related,
http://www.youtube.com/watch?v=BgEhZR9XATw
Das Thema des Wetters während der Semana Santa verdient eine selbständige Untersuchung.

Die Kirche, in der sich ein imagen befindet, ist der offizielle Beginn der jeweiligen Prozession. Der paso mit der Figur wird von den Nazarenos abgeholt und nach der Prozession wieder dorthin gebracht. „Salida" (Auszug) und „entrada" (Einzug) sind besonders wichtige Momente der Prozessionszüge.

Wie bereits angesprochen besitzt jede Bruderschaft einen oder zwei eigene Altarbühnen mit einer Jungfrau Maria, einer Jesusfigur oder Figurengruppe und prozessiert damit ein Mal. Die Bruderschaften identifizieren sich stark mit „ihrer" Figur. So stehen diese auch für die soziale und kulturelle Identität einer Gruppe[40]. Auch vonseiten der Zuschauer findet eine starke Identifikation mit den Figuren statt. Dabei ist vor allem das eigene *barrio*, das Stadtviertel, ein wichtiger Bezugspunkt und gerade in den Stadtvierteln, in denen die Bruderschaften lokalisiert sind, ist deshalb die Euphorie aufseiten der Zuschauer groß. Der Aspekt der Emotionen in der Semana Santa hat eine selbständige Arbeit verdient[41].

Fast jeder Sevillaner hat seinen persönlichen Favoriten unter den Pasos, sei es nun ein paso aus dem eigenen Stadtviertel, aus der Schicht oder aus der eigenen Bruderschaft. Vor allem die Marienfiguren werden besonders verehrt, so die Virgen de la Macarana und die Esperanza de Triana. Um diese beiden Jungfrauen haben sich zwei richtige Fanlager gebildet, die so weit gehen, dass selbst die beiden Fußballclubs Sevillas, der Real Betis und der Sevilla F.C., sich je eine der Jungfrauen zugeordnet haben. Der Real Betis verehrt die Esperanza de Triana, der Sevilla F.C. die Macarena. Dieses Beispiel verdeutlich, dass vor allem zu den Virgenes eine besondere, persönliche Beziehung besteht, die sich im kleineren Rahmen auch in den saetas ausdrückt[42]. Dazu mehr im entsprechenden Kapitel. Man kann soweit gehen und sagen, dass die einzelnen virgenes und cristos nicht als symbolische Repräsentationen oder Repräsentanten gesehen werden, sondern als Individuen, die auch individuell verehrt werden. Jede Figur hat ihre eigene Identität, eine Identität, die weit über ihre bildliche Darstellung hinausgeht. Die Figuren werden wie lebendige Personen behandelt und betrachtet.[43]

---

[40] Opitz 2000, S. 199

[41] Einen ersten Einblick gibt http://www.ugr.es/%7Epwlac/G10_07Rafael_Briones_Gomez.html

[42] Opitz 2000, S. 200

[43] Vgl. Briones Gómez 1993 sowie Opitz 2000, S. 199

6. Die Musik der Semana Santa

Eine zentrale Rolle in der Dramaturgie der Semana Santa spielt die Musik. Erst das Zusammenwirken von bildlichen Passionsdarstellungen, Teilnehmern und Musik lässt erahnen, weshalb die Semana Santa so stark und ergreifend auf den Zuschauer wirkt und weshalb die Prozessionen bei vielen heftige Gefühle hervorrufen.

Die Prozessionszüge werden von Musikgruppen begleitet, die sich hauptsächlich aus Trompeten, Trommeln und Hörnern zusammensetzen. In Sevilla gibt es rund 50 Musikgruppen, die in drei Gruppen unterschieden werden können[44]:

Hornbläser- und Trompetenkapellen (bandas de cornetas y tambores

Sie begleiten die Pasos de Cristo sowie die Pasos de Misterio.

Abb.: Banda de cornetas y tambores "Corona de Espinas"

Musikkapellen (bandas de música) (Blechbläser, Holzbläser, Hornbläser und Trompeten)

Sie begleiten die Pasos de Palio.

Abb.: Banda de música "Carmen de Salteras"

Musikgruppen (agrupaciones musicales) mit hauptsächlich Trompeten, außerdem Posaunen, Trombonen, Tuba, Hornbläser und Becken

Sie begleiten ebenfalls die Pasos de Cristo und die Pasos de Misterio. In Sevilla bilden sie die Unterzahl, so gibt es momentan nur sieben dieser Musikgruppen.

Abb.: Agrupacion musical "Ntro. Padre Jesús de la Redención"

---

[44] Vgl. dazu http://guiasemanasanta.com/sevilla/es/bandas.php (abgerufen am 15.12.2007) Dort finden sich auch die Bilder der Musikgruppen.

Die Musikkapellen kommen oft bei mehreren Bruderschaften zum Einsatz und treten außerdem auch in anderen Orten bei der Semana Santa auf, so z.B. in Jerez oder Córdoba.

Bei der Musik handelt es sich zumeist um Märsche. Diese musikalische Form eignet sich besonders gut, da der paso sich im Takt der Musik mitbewegt. Trommeln und Hörner geben den Takt an[45]. Das Spektrum reicht dabei von dramatischen, schmerzvollen Trauermärschen über langsame, getragene Marschmusik[46] bis hin zu fröhlichen, leichtern oder freudig-jublierenden Klängen wie beispielsweise am Ostersonntag. Je nachdem, welches Motiv der paso darstellt und um welches Thema es im Zusammenhang der gesamten Karwoche geht, passt sich also auch die Musik der Atmosphäre an, die erzeugt werden soll. Damit verstärkt sie die vorherrschende Stimmung und spielt eine entscheidende dramaturgische Rolle.

So gibt es „ernstere" pasos, durchaus auch solche, die von keiner Musikgruppe begleitet werden, und „barockere" pasos mit vielen Elementen und lebendigerer Musik.

Besonders wichtig für die Dramaturgie der Prozession ist die Bewegung im Takt der Musik und in unterschiedlichen Geschwindigkeiten. Dies erzeugt für den Zuschauer die Illusion, die Figuren würden sich tatsächlich bewegen, seien gleichsam lebendig. Dieser Eindruck wird durch die realistische Darstellung derselben noch verstärkt: So sind es lebensgroße Figuren mit sehr ausdrucksvoll gestalteten Gesichtern und Körperhaltungen.

Dies geht so weit, dass eine Identifikation mit der dargestellten Figur erreicht werden soll, indem man sich beispielsweise in das Leiden des Kreuz tragenden Christus hineinversetzt.

Melodie, Harmonie und Rhythmus passen sich der jeweiligen Stimmung an und spielen perfekt mit der Aussage des pasos und des jeweiligen Tages zusammen. Das Bewegen des pasos zur Musik – so macht es zumindest das Tourismusamt deutlich[47] - gehöre in Sevilla zur Ernsthaftigkeit der Semana Santa dazu, es sei aber nicht in allen Orten üblich oder wirke sogar schockierend.

Saetas

Saetas sind Flamencogesänge, die während der Prozession zu Ehren einer Marien- oder Christusfigur dargebracht werden. Sie werden spontan und ohne musikalische Begleitung von

---

[45] http://www.medina-sidonia.de/71509.html (abgerufen am 19.04.2008)
[46] http://de.wikipedia.org/wiki/Semana_Santa#Musik (abgerufen am 10.12.2007), Yep 2002, S. 122 ff.
[47] http://www.turismo.sevilla.org/paginas_es/usosYCostumbres.asp (abgerufen am 20.04.2008)

einem Balkon oder vom Straßenrand aus gesungen. Das typische „Aya ya ya ya yay" leitet dabei die Saeta zumeist ein[48].

Inhaltlich geht es bei den Saetas fast ausschließlich um Leiden und Tod von Jesus Christus sowie um Schönheit und Schmerz der Jungfrau Maria[49]. Die Klagegesänge entstehen oft erst im Singen und richten sich nicht an das anwesenden Publikum, sondern gelten ganz dem erinnerten Schicksal Jesu oder Marias. Sie sind eine öffentliche Annäherung an Gott[50]. So heißt es auch in der Literatur:

„Las saetas aflamencadas nacen en el preciso instante en que el cantaor flamenco siente necesidad de dirigirse públicamente a Dios."[51] („Die Saetas mit Flamenco-Elementen entstehen genau in dem Moment, in dem der Flamencosänger das Bedürfnis hat, sich öffentlich an Gott zu wenden."). Dies wird durch Bekreuzigen der Sänger nach dem Singen bestätigt.

Nicht immer sind es Unbekannte, die bei den Prozessionen singen. Auch bekannte Persönlichkeiten, wie beispielsweise die spanische Sängerin Pastora Soler, bringen Saetas dar und nicht selten gibt es auch Applaus, obwohl dieser in einigen Gegenden Spaniens verpönt ist[52]. Darüber hinaus werden Saetas nicht nur spontan gesungen, sondern auch in Vorführungen, oftmals in Kirchen, repräsentiert (Recitales de Saetas). Es finden auch Saeta-Wettbewerbe statt (Concursos de Saeta), teilweise sogar speziell für Jugendliche[53]. Die Wettbewerbe finden kurz vor der Semana Santa statt. Beim Nationalen Saeta-Wettbewerb in Mairena del Alcor (nahe Sevilla) von 2007 mussten die ersten vier Gewinner sich dazu verpflichten, während der Karwoche eine Saeta von einem bestimmten Balkon aus darzubringen[54]. Auch CD-Aufnahmen waren vorgesehen. Zahlreiche professionelle Aufnahmen sind längst zu kaufen. Es lässt sich also festhalten, dass das Darbringen von

---

[48] Vgl. hierzu: Blas Vega/Ríos Ruiz 1988
Gut deutlich ist das in folgendem Video
http://www.youtube.com/watch?v=10mvyusMFds,
http://www.youtube.com/watch?v=tpNkaz4SS_s&NR=1,
zahlreiche Videobeispiele bietet auch http://www.elalmanaque.com/videos1/semanasanta/index1.htm (alle abgerufen am 25.03.2008)

[49] Ebd. Sowie http://www.degelo.com/colaboraciones/col5.htm (Übersicht über viele Saeta-Texte)
Candela Olivo: Saetas. El rezo jondo. http://www.flamenco-world.com/magazine/about/saeta/esaet.htm (abgerufen am 15.04.2008)

[50] Candela Olivo: Saetas. El rezo jondo. http://www.flamenco-world.com/magazine/about/saeta/esaet.htm

[51] Blas Vega/Ríos Ruiz 1988

[52] http://www.youtube.com/watch?v=10mvyusMFds, http://www.youtube.com/watch?v=tpNkaz4SS_s&NR=1 (abgerufen am 25.04.2008)

[53] Siehe hierzu beispielsweise http://www.deflamenco.com/sitios/sitios.jsp?sitio=20&p=s (abgerufen am 20.04.2008)

[54] „Los 4 ganadores tendrán que cantar a las Sagradas Imágenes en la Semana Santa de Mairena del Alcor, el día que la organización les designe, desde el balcón de la Casa del Arte Flamenco o del Excmo. Ayuntamiento de Mairena del Alcor, según se crea conveniente." (http://www.mayrena.com/antoniomairena/Saetabases.htm)

Saetas durchaus nicht nur ein spontaner, religiöser Akt ist, sondern darüber hinaus auch organisiert wird und das ganze Jahr über nach Belieben verfügbar sein kann.

Zu der Verfügbarkeit von Informationen rund um die Semana Santa, insbesondere auch Musik- und Videodateien, trägt mit Sicherheit auch das Internet bei. Auf die Repräsentation des Festes im Netz soll das folgende, abschließende Kapitel einen Einblick geben und einen Ausblick versuchen.

7. Repräsentation der Semana Santa im Internet – ein Ausblick

Die Theatralität der Semana Santa-Prozessionen kommt erst richtig zum Ausdruck, wenn man an ihnen teilnimmt. Annäherungsweise wird dies durch Fotos, Musik und in noch viel stärkerem Maße durch Videos möglich. Youtube ist hier ein ergiebiges Instrument, das Filmdokumente abrufbar macht, die die Prozessionen aus den unterschiedlichsten Perspektiven darstellen. Auch TV-Mitschnitte können hier angesehen werden. Gibt man nur das Schlagwort „Semana Santa" ein, so finden sich bereits über 40.000 Treffer (Stand: April 2008). Für „Semana Santa Sevilla" sind es immer noch weit über 4.000 Dokumente. Besonders interessant sind hier die Vergleichsmöglichkeiten: Wie kann das Fest von unterschiedlichen Personen wahrgenommen werden? Worauf werden Schwerpunkte gesetzt? Nicht zuletzt lassen sich auch zeitliche Vergleiche vornehmen. So ist beispielsweise auch eine private Aufzeichnung der Feierlichkeiten von 1966 abrufbar[55].

Auch diverse Fotodatenbanken, die in den letzten Jahren vermehrt im Internet entstanden sind, bilden eine unerschöpfliche Materialquelle. Neben der Nummer-1-Adresse FlickR gibt es viele Alternativen: Fotocommunity, View-Fotocommunity, bubbleshare.com und viele weitere mehr eröffnen hier zahlreiche Einblicke[56].

Textbasierter, aber durchaus auch multimedial, gibt sich die Wikipedia. In vielen Sprachen sind Artikel zur Semana Santa und, spezieller, zur Semana Santa in Sevilla, erhältlich. Ein Wikimedia Commons zur „Holy Week in Spain" mit mehreren Unterkategorien gruppiert frei zugängliche Mulitmediadokumente.

---

[55] http://www.youtube.com/watch?v=ht3llbeSjrI (abgerufen am 19.04.2008)
[56] Eine Übersicht über diverse Fotocommunities bieten beispielsweise folgende Seiten:
http://www.akademie.de/gestalten/digitalfotografie/tipps/digital-fotografieren/alternativen-zu-flickr.html,
http://www.foto-faq.de/fotoseiten/?c=8

Das Internet ist ein ergiebiges und hochaktuelles Medium für Recherchen zur Semana Santa. Für alle Interessierten gibt es eine mittlerweile nicht mehr überschaubare Anzahl an Seiten, so beispielsweise der „Guía de la Semana Santa" (Semana Santa-Führer)[57], der profunde Informationen für neun andalusische Städte bietet. Hier werden auch Hörbeispiele angeboten. Auf der in Spanisch und Englisch abrufbaren Seite findet man zahlreiche weiterführende Links, die nach Kategorien geordnet sind.

http://www.pasionensevilla.tv vereinigt unzählige Bilder, sowie eine große Anzahl von Videomaterialien. Auf dieser Seite findet sich auch eine Rubrik „La Pregunta", die Frage. Dort wurde unter anderem die Frage nach „dem schönsten Moment der Semana Santa 2008" gestellt. Über 600 Antworten bieten einen beeindruckenden Einblick in die Perspektive der Teilnehmer und Zuschauer. Eine Analyse und Auswertung solcher Kommentare und Foreneinträge – nicht nur dieser Internetseite – wäre eine eigene Arbeit wert und ergäbe mit Sicherheit spannende Erkenntnisse.

Fast jede Bruderschaft hat ihren eigenen Webauftritt mit sehr detaillierten Informationen zur Geschichte, mit Fotos und ausführlichen Beschreibungen. Einen sehr guten Überblick über sie und ausführliche Hintergrundtexte bietet http://www.hermandades-de-sevilla.org. Auch diese Selbstdarstellungen im Internet sind ein Feld für weitergehende Untersuchungen.

Dergestaltige weitere Auswertungen wären ein nächster Schritt zum Herantasten an das Phänomen Semana Santa. Es dürfte deutlich geworden sein, wie komplex und wie schwer beschreibbar dieses Fest ist. Folgender Erlebnisbericht soll zum Abschluss noch einmal einen Eindruck geben, wie viele Sinne bei dem Fest zusammenwirken.

„Die Magie des Augenblicks: eine im Nachtwind flackernde Kerzenflamme, die intensive Farbwärme von granatrotem Samt und Gold, das nur von Kerzenlicht angestrahlt wird, der haushohe Schatten, den der Baldachin wirft, der kurze Moment der Berauschtheit, wenn man plötzlich von einer Weihrauchwolke eingehüllt wird, die Sekunde, in der man von einem Blick stolzer Erschöpftheit eines Costaleros gestreift wird, der unter dem Paso heraufblickt, die Gänsehaut, die von den flehenden Tönen einer Saeta ausgelöst wird - diesmal gesungen von einem höchstens 12-jährigen Kind. Und zuletzt das kaum angedeutete, alles vergebende Lächeln der "Jungfrau der Anmut und Hoffnung", die so lebendig scheint, als ob sie im nächsten Moment durch die Kerzenpyramide heruntersteigen könnte, bevor die Illusion verfliegt und ihr Paso mit flackernden Lichtern verschwindet."[58]

---

[57] http://www.guiasemanasanta.com
[58] http://www.caiman.de/spanien/palm/palmdt_2.shtml (abgerufen am 17.12.2007)

8. Literaturverzeichnis

- Briones Gómez, Rafael: La Semana Santa andaluza. In: Gazeta de Antropología 2 (1983). URL: http://www.ugr.es/%7Epwlac/G02_01Rafael_Briones_Gomez.html (abgerufen am 20.02.2008)

- Briones Gómez Rafael: La experiencia simbólica de la Semana Santa. In: Gazeta de Antropología 10(1993). URL: http://www.ugr.es/%7Epwlac/G10_07Rafael_Briones_Gomez.html (abgerufen am 12.02.2008)

- Dominguez Arjona, Julio: La Semana Santa que no vemos. URL: http://www.galeon.com/juliodominguez/2006/paltar.html (abgerufen am 12.12.2007)

- Gómez Lara, Manuel/Jiménez Barrientos, Jorge: El cortejo en la Semana Santa de Sevilla, in: Guía de la Semana Santa en Sevilla. Madrid 1992. URL: http://www.mundocofrade.com/introduccion/intro_cortejo.html (abgerufen am 16.04.2008)

- Llop i Bayo, Francesc: Los toques de campanas y de matracas en Semana Santa. URL: http://campaners.com/php/textos.php?text=150 (abgerufen am 16.01.2008)

- Opitz; Jeanette: Rituale und Traditionen christlicher Bußbruderschaften in Bilbao/Spanien. Dissertation, Hannover 2000. URL: http://deposit.ddb.de/cgi-bin/dokserv?idn=960179933 (abgerufen am 15.05.2007)

- „Saeta", in: Blas Vega, José/Ríos Ruiz, Manuel (Hrsg.), "Diccionario Enciclopedico Ilustrado del Flamenco", Madrid 1988. URL: http://www.lacuerda.es/descargas/saeta/index.html (abgerufen am 20.01.2008)

- Sánchez Garrido, Roberto: Los significados de la fiesta. In: Gazeta de Antropología 21 (2005). URL: http://www.ugr.es/~pwlac/G21_15Roberto_Sanchez_Garrido.html (abgerufen am 13.02.2008)

- Sánchez Herrero, D. José: Orígenes y evolución de las Hermandades y Cofradías. URL: http://www.hermandades-de-sevilla.org (abgerufen am 15.05.2007)

- Yep, Virginia: Die Banda, eine Instrumentalpraxis und ihre Bedeutung für das Musikleben in Bajo Piura (Nordperu). Berlin 2002. URL: http://www.diss.fu-berlin.de/2002/127/kapitel5.pdf (Kapitel 5: Die Marcha) (abgerufen am 17.12.2007)

Weitere Internetquellen:

- http://www.caiman.de/semana.html (ausführliche Reportagen von Berthold Volberg)
- http://usuarios.lycos.es/manzano/Dicciona.html (Begriffserklärungen in spanischer Sprache)
- http://www.elalmanaque.com/semanasanta/historia/index.htm (ausführliche geschichtliche Analysen zur Semana Santa in spanischer Sprache)
- http://www.tesorosdelayer.com (historische Postkarten und Plakate der Semana Santa)
- http://www.semana-santa-sevilla.com
- http://www.guiasemanasanta.com
- http://www.hermandades-de-sevilla.org
- http://es.wikipedia.org

Übersetzungen:

Alle Übersetzungen sind, sofern nicht anders gekennzeichnet, vom Verfasser dieser Arbeit.

BEI GRIN MACHT SICH IHR WISSEN BEZAHLT

- Wir veröffentlichen Ihre Hausarbeit,
  Bachelor- und Masterarbeit

- Ihr eigenes eBook und Buch -
  weltweit in allen wichtigen Shops

- Verdienen Sie an jedem Verkauf

Jetzt bei www.GRIN.com hochladen und kostenlos publizieren